교과서 지식으로 영문 독해를
리딩 릴레이

READING RELAY

단어 암기장

MASTER

Chapter **07**

☐ **badly** [bǽdli]　　부 ① 서투르게, 나쁘게 ② 몹시, 너무

☐ **scarce** [skɛərs]　　형 ① 부족한 ② 드문, 귀한

☐ **nowadays** [náuədèiz]　　부 오늘날에는, 요즘에는

☐ **wealth** [welθ]　　명 (많은) 재산, 부(富)

☐ **handful** [hǽndfùl]　　명 한 움큼, 한 줌

☐ **crawl** [krɔ:l]　　동 (엎드려) 기다, 기어가다

☐ **knee** [ni:]　　명 무릎, 무릎 관절

☐ **occupy** [ákjəpài]　　동 ① (장소를) 차지하다 ② (방·주택·건물을) 사용하다
　　　　③ (군대 등이) 점령하다

☐ the Middle Ages　　중세 시대

☐ even [í:vən]　　심지어

☐ sail [seil]　　(바다를) 항해하다

☐ convenient [kənví:njənt]　　편리한

☐ demand [dimǽnd]　　수요

☐ supply [səplái]　　공급

☐ cost [kɔ:st]　　(값·비용이) ~이다

☐ ducat [dʌkət]　　더컷 《과거 유럽 여러 국가들에서 사용된 금화》

☐ valuable [vǽlju:əbəl]　　값비싼

☐ show off　　과시하다, 자랑하다

☐ spice [spais]　　향신료

☐ trade [treid]　　무역

☐ Indian Ocean　　인도양

☐ region [rí:dʒən]　　지방, 지역

☐ force [fɔ:rs]　　무력, 군대

☐ import [impɔ́:rt]　　수입하다

☐ decline [diklái n]　　(가격이) 떨어지다

☐ common [kámən]　　흔한

☐ **nervous**[nə́ːrvəs]	휑 불안해하는, 초조해하는
☐ **rough**[rʌf]	휑 ① 거친 ② 힘든, 골치 아픈
☐ **spill**[spil]	동 흘리다, 쏟다 명 흘린 액체, 유출물
☐ **tend**[tend]	동 ~하는 경향이 있다
☐ **explanation**[èksplənéiʃən]	명 ① 설명 ② 이유, 해명
☐ **blame**[bleim]	동 ~에 책임을 지우다, ~의 탓으로 돌리다 명 비난, 책임
☐ **positively**[pázətivli]	뷰 긍정적으로, 좋게
☐ mysterious[mistíəriəs]	신비한, 기이한
☐ equal[íːkwəl]	같은
☐ realize[ríːəlàiz]	깨닫다, 알아차리다

☐ **punish**[pʌ́niʃ]	동 (사람·죄를) 벌하다, 처벌하다
☐ **punishment**[pʌ́niʃmənt]	명 형벌, 처벌
☐ **imply**[implái]	동 암시하다, 넌지시 비치다
☐ **challenge**[tʃǽlindʒ]	명 도전 동 ① 도전하다 ② 이의를 제기하다
☐ **term**[təːrm]	명 ① 용어, 말 ② (일정한) 기간, 기한 동 (특정한 용어로) 칭하다, 일컫다
☐ **valuable**[vǽljuːəbəl]	휑 ① 귀중한, 소중한 ② 값비싼
☐ **expense**[ikspéns]	명 지출, 비용
☐ **desire**[dizáiər]	명 욕구, 강한 소망 동 간절히 바라다, 원하다
☐ **worth**[wəːrθ]	휑 ~의 가치가 있는
☐ ancient[éinʃənt]	고대의
☐ royal court	궁정, 왕실
☐ more of A than B	B라기보다는 A
☐ provide[prəváid]	제공하다, 지급하다, 주다

☐ take care of	~을 돌보다
☐ on average	평균적으로
☐ other than	~이 아닌, ~ 이외의
☐ natural death	(연령에 의한) 자연사
☐ encounter [inkáuntər]	(위험 · 곤란 등에) 부닥치다, 맞닥뜨리다
☐ refer to A	A를 나타내다[가리키다]
☐ unwanted [ʌnwántid]	원치 않는

Chapter **08**

01	야구장의 지지 않는 태양	p.30~33

☐ **flash** [flæʃ]	동 비추다, 번쩍이다 명 번쩍임
☐ **severe** [sivíər]	형 ① 극심한, 심각한 ② (태풍 · 병 등이) 심한, 맹렬한
☐ **judge** [dʒʌdʒ]	명 ① 판사 ② 심판, 심사위원
	동 ① 판단하다, 여기다 ② 재판하다
☐ **deal** [di:l]	동 (카드 게임에서 카드를) 돌리다
	명 ① (양이) 많음, 다량 ② 거래(서), 합의 ③ 일, 것
☐ **urban** [ə́:rbən]	형 도시의, 도회지의
☐ **rural** [rúrəl]	형 시골의, 지방의

☐ stadium [stéidiəm]	경기장
☐ midnight [mídnàit]	자정
☐ complain [kəmpléin]	불평하다
☐ concentrate [kánsəntrèit]	집중하다
☐ pollution [pəlú:ʃən]	오염, 공해
☐ big deal	대단한 것, 중대한 사건
☐ effect [ifékt]	영향

☐ suffer from	~으로 고통받다
☐ concern [kənsə́ːrn]	우려, 걱정
☐ whole [houl]	전체[전부]의
☐ case [keis]	사례, 경우
☐ report [ripɔ́ːrt]	보고하다
☐ negative [négətiv]	부정적인, 비관적인
☐ influence [ínfluəns]	영향
☐ growth [grouθ]	성장

02 | 바스티유 데이 p.34~37

☐ **revolution** [rèvəljúːʃən]	명 혁명
☐ **noble** [nóubl]	형 고귀한, 귀족의 명 귀족, 상류층
☐ **unfair** [ʌnfɛ́ər]	형 부당한, 불공평한
☐ **approve** [əprúːv]	동 ① 《~ of》 찬성하다 ② 승인하다, 허가하다
☐ **protest** 명 [próutest] 동 [prətést]	명 항의, 시위 동 항의하다
☐ **protest against**	~에 대해서 항의하다
☐ **democracy** [dimákrəsi]	명 민주주의
☐ **govern** [gʌ́vərn]	동 (국가를) 통치하다, 다스리다
☐ **proud** [praud]	형 자랑스러워하는, 자랑스러운

☐ celebrate [séləbrèit]	기념하다, 축하하다
☐ mad [mæd]	몹시 화가 난
☐ take care of	~을 돌보다
☐ even though	비록 ~일지라도
☐ careless [kɛ́ərlis]	무심한, 무관심한
☐ attack [ətǽk]	공격; 공격하다
☐ prison [prízən]	감옥
☐ lock (A) up	(A를) 가두다

☐ decision [disíʒən]	결정	
☐ crowd [kraud]	군중, 무리	
☐ turning point	전환점	
☐ firework [faiərwə́:rk]	불꽃놀이	
☐ parade [pəréid]	퍼레이드	

03 | 실수가 불러온 위대한 발명 p.38~41

☐ **attempt** [ətémpt]	명 시도 동 시도하다
☐ **eventually** [ivéntʃuəli]	부 결국, 마침내
☐ **jail** [dʒeil]	명 교도소, 감옥 동 투옥하다, 수감하다
☐ **eager** [íːgər]	형 열렬한, 간절히 바라는
☐ **stove** [stouv]	명 스토브, 난로
☐ **examine** [igzǽmin]	동 검사하다, 살펴보다
☐ **extreme** [ikstríːm]	형 극도의, 극심한
☐ **crack** [kræk]	동 ① 깨지다, 갈라지다 ② 깨뜨리다, 갈라지게 하다
	명 (무엇이 갈라져서 생긴) 금

☐ hardware [háːrdwɛər]	철물
☐ run [rʌn]	운영하다
☐ rubber [rʌ́bər]	고무
☐ remove [rimúːv]	제거하다
☐ stickiness [stíkinis]	끈적거림
☐ experiment [ikspérəmənt]	실험
☐ cost [kɔːst]	(값 · 비용이) ~들다[이다]
☐ debt [det]	빚
☐ give up	포기하다
☐ madman [mǽdmæn]	미친 사람
☐ release [rilíːs]	석방하다
☐ show off	~을 자랑하다, 과시하다

☐ land [lænd]	착륙하다, 떨어지다
☐ realize [rí:əlàiz]	깨닫다, 알아차리다
☐ melt [melt]	녹다
☐ freeze [fri:z]	얼다
☐ mistake [mistéik]	실수

04 | 사라지고 있는 섬 몰디브 p.42~45

☐ **wipe** [waip]	동 ① 닦다, 닦아 내다 ② 지우다, 지워 버리다
☐ **claim** [kleim]	동 ① 주장하다 ② 청구하다, 요구하다
☐ **phenomenon** [finámənàn]	명 현상
☐ **surround** [səráund]	동 둘러싸다, 에워싸다
☐ **fate** [feit]	명 운명
☐ **disaster** [dizǽstər]	명 참사, 재앙
☐ **treasure** [tréʒər]	명 보물, 대단히 귀중한 것 동 대단히 귀하게 여기다
☐ **treasured** [tréʒərd]	형 소중한

☐ researcher [risə́:rtʃər]	연구원
☐ exist [igzíst]	존재하다
☐ be likely to	~할 것 같다
☐ due to	~때문에
☐ global warming	지구 온난화
☐ climate [kláimit]	기후
☐ temperature [témpərətʃər]	온도, 기온
☐ extra [ékstrə]	추가의
☐ Arctic [á:rktik]	북극
☐ prevent [privént]	막다
☐ preserve [prizə́:rv]	보존하다, 지키다
☐ support [səpɔ́:rt]	지원하다
☐ environment-friendly	환경 친화적인

☐	generation [dʒènəréiʃən]	세대
☐	responsibility [rispànsəbíləti]	책임, 책무

Chapter 09

☐	**territory** [téritɔ̀:ri]	명 지역, 영토
☐	**rapid** [rǽpid]	형 빠른
☐	**remain** [riméin]	동 ① 계속 ~이다 ② 남다
☐	**individual** [ìndəvídʒuəl]	형 각각의, 개인의 명 ① 개인 ② 사람
☐	**incredible** [inkrédəbəl]	형 놀라운, 대단한
☐	**constant** [kánstənt]	형 끊임없는, 지속적인
☐	**struggle** [strʌ́gl]	동 애쓰다 명 노력, 투쟁

☐	rainforest [réinfɔ̀:rist]	열대우림
☐	region [rí:dʒən]	영역
☐	western [wéstərn]	서쪽의, 서쪽에 있는
☐	moisture [mɔ́istʃər]	습기
☐	average [ǽvəridʒ]	평균의
☐	rainfall [réinfɔ̀:l]	강우, 강우량
☐	excellent [éksələnt]	뛰어난, 훌륭한
☐	environment [inváiərənmənt]	환경
☐	achieve [ətʃí:v]	얻다
☐	wilderness [wíldərnis]	야생
☐	preserve [prizə́:rv]	보존하다, 지키다
☐	limit [límit]	제한하다

☐ **document**[dákumənt]   명 문서, 서류

☐ **safe**[seif]   형 안전한 명 금고

☐ **secure**[sikjúər]   형 ① 안전한, 위험 없는 ② (건물 따위가) 튼튼한, 안정된

                       동 ① 확보하다 ② 안전하게 하다, 지키다

☐ **criminal**[krímənl]   형 범죄의 명 범인, 범죄자

☐ **post**[poust]   명 우편, 우편물 동 ① 발송하다, 부치다 ② 게시하다, 공고하다

☐ **indicate**[índikèit]   동 나타내다, 가리키다

☐ **store**[stɔːr]   명 가게, 상점 동 (~에 대비하여) 저장하다, 보관하다

☐ **appreciate**[əpríːʃièit]   동 ① 진가를 알다, 인정하다 ② 고맙게 생각하다, 감사하다

☐ recently[ríːsəntli]   최근에

☐ valuable[væljuːəbəl]   《복수형》 귀중품

☐ gone[gɔ(ː)n]   사라진

☐ evidence[évidəns]   증거

☐ break-in   (절도를 위한) 침입

☐ lock[lɑk]   (자물쇠로) 잠기다

☐ surprisingly[sərpráiziŋli]   놀랍게도

☐ turn out   ~인 것으로 드러나다[밝혀지다]

☐ own[oun]   소유하다

☐ loss[lɔːs]   손실, 분실

☐ notice[nóutis]   공고, 안내문

☐ remove[rimúːv]   없애다, 제거하다

☐ paper[péipər]   《복수형》 서류, 문서

☐ wonder[wʌ́ndər]   궁금해하다

☐ whether[wéðər]   ~인지 아닌지

☐ **rescue**[réskjuː]   동 구하다, 구조하다 명 구출, 구조

☐ **pleasant** [plézənt]	혱 ① 즐거운, 유쾌한 ② 쾌적한, 좋은
☐ **convince** [kənvíns]	동 ① 확신시키다, 납득시키다 ② 설득하다
☐ **complicated** [kámpləkèitid]	혱 복잡한
☐ **rate** [reit]	몡 ① 속도 ② 비율 동 평가되다, 여겨지다
☐ **establish** [istǽbliʃ]	동 설립하다, 개설하다
☐ **fund** [fʌnd]	몡 기금, 자금 동 자금[기금]을 대다
☐ **get funded**	자금을 얻다
☐ **select** [silékt]	동 선발하다, 선택하다
☐ **educate** [édʒukèit]	동 교육하다, 가르치다
☐ realize [ríːəlàiz]	깨닫다
☐ soldier [sóuldʒər]	군인
☐ government [gʌ́vərnmənt]	정부, 정권
☐ official [əfíʃəl]	공무원, 관리자
☐ environment [inváiərənmənt]	환경
☐ persuade [pərswéid]	설득하다
☐ be willing to	기꺼이 ~하다
☐ figure [fígjər]	숫자
☐ come up with	~을 생각해 내다
☐ data [déitə]	정보, 데이터, 자료
☐ chart [tʃɑːrt]	차트, 표
☐ cause [kɔːz]	원인
☐ spread [spred]	퍼뜨리다
☐ disease [dizíːz]	병, 질병
☐ based on	~에 기초한, ~에 기반을 둔
☐ knowledge [nálidʒ]	지식
☐ improve [imprúːv]	개선하다
☐ nursing school	간호학교

☐ tool [tu:l]	도구
☐ society [səsáiəti]	협회, 단체
☐ scholar [skálər]	학자

☐ **military** [mílitèri]	형 군대의, 무력의 명 군대
☐ **service** [sə́:rvis]	명 ① 서비스업, 서비스 ② 병역, 군 복무
☐ **prime** [praim]	형 ① 주된, 주요한 ② 최고의
☐ **politics** [pálətiks]	명 정치
☐ **prefer** [prifə́:r]	동 ~을 선호하다, (더) 좋아하다[원하다]
☐ **physical** [fízikəl]	형 육체의, 신체의
☐ **outstanding** [àutstǽndiŋ]	형 뛰어난, 우수한
☐ **recognize** [rékəgnàiz]	동 ① 인정하다 ② 인지하다, 알아보다
☐ **occupation** [àkjəpéiʃən]	명 직업
☐ complete [kəmplí:t]	끝마치다
☐ social [sóuʃəl]	사회적인
☐ benefit [bénəfit]	혜택
☐ position [pəzíʃən]	위치, 지위
☐ administration [ædmìnistréiʃən]	행정부
☐ degree [digrí:]	학위
☐ serve [sə:rv]	복무하다
☐ examination [igzæ̀mənéiʃən]	검사
☐ entrance exam	입학시험
☐ ability [əbíləti]	능력
☐ government [gávərnmənt]	정부, 정권
☐ behavior [bihéivjər]	행동, 행실
☐ workplace [wə́:rkplèis]	직장, 일터
☐ class [klæs]	(사회의) 계층

Chapter **10**

☐ **conquer** [kάŋkər] 동 ① (다른 나라, 도시 등을) 정복하다 ② 이기다, 물리치다

☐ **strategy** [strǽtədʒi] 명 전략, 전술

☐ **tide** [taid] 명 조수, 조류

☐ **factor** [fǽktər] 명 요인, 요소

☐ **violent** [váiələnt] 형 ① 폭력적인, 난폭한 ② 격렬한, 맹렬한

☐ **neglect** [niglékt] 동 ① 방치하다 ② 무시하다, 간과하다

☐ **enormous** [inɔ́ːrməs] 형 막대한, 거대한

☐ **predict** [pridíkt] 동 예측하다, 예견하다

☐ enemy [énəmi] 적

☐ battle [bǽtl] 전투

☐ current [kə́ːrənt] 흐름, 해류

☐ warship [wɔ́ːrʃip] 군함

☐ attack [ətǽk] 공격하다

☐ army [άːrmi] 군대

☐ destroy [distrɔ́i] 파괴하다

☐ disease [dizíːz] 병, 질병

☐ invade [invéid] 침입하다, 침략하다

☐ condition [kəndíʃən] 상태

☐ due to ~때문에

☐ freezing [fríːziŋ] 몹시 추운

☐ freeze to death 얼어 죽다

☐ affect [əfékt] 영향을 끼치다

☐ compared to ~와 비교하여

☐ exist [igzíst] 존재하다

☐ **liquid** [líkwid] 　　명 액체　형 액체 형태의, 액상의

☐ **obtain** [əbtéin] 　　동 얻다, 구하다

☐ **alternative** [ɔːltə́ːrnətiv] 　　명 대안, 양자택일　형 대안이 되는, 대안적인

☐ **replace** [ripléis] 　　동 대신하다, 대체하다

☐ **wound** [wuːnd] 　　명 상처, 부상　동 상처를 입히다

☐ **relieve** [rilíːv] 　　동 (고통 등을) 덜어주다, 완화하다

☐ **hide** [haid] 　　동 숨다, 잠복하다　명 숨은 장소, 은신처
　 – hid – hidden

☐ rainforest [réinfɔ̀ːrist] 　　열대우림

☐ flood [flʌd] 　　홍수

☐ drought [draut] 　　가뭄

☐ balance [bǽləns] 　　균형을 유지하다

☐ climate [kláimit] 　　기후

☐ contain [kəntéin] 　　포함하다 (= include)

☐ resource [ríːsɔ̀ːrs] 　　자원

☐ rubber [rʌ́bər] 　　고무

☐ provide [prəváid] 　　주다, 제공하다

☐ tribal [tráibəl] 　　종족의, 부족의

☐ make a living 　　생계를 꾸리다

☐ source [sɔːrs] 　　원천

☐ medicine [médəsin] 　　약, 약물

☐ disease [dizíːz] 　　병, 질병

☐ discover [diskʌ́vər] 　　발견하다

☐ purpose [pə́ːrpəs] 　　목적

☐ make use of 　　~을 활용하다

☐ pain [pein] 　　고통, 아픔

☐ serious [síəriəs] 　　(정도가) 심각한

☐ valuable [vǽljuːəbəl] 　　소중한

☐ **government** [gʌ́vərnmənt]   명 정부, 정권

☐ **export**   동 수출하다   명 ① 수출 ② 수출품
   동 [ikspɔ́:rt]   명 [ekspɔ́:rt]

☐ **import**   동 수입하다   명 ① 수입 ② 수입품
   동 [impɔ́:rt]   명 [ímpɔ:rt]

☐ **attack** [ətǽk]   동 공격하다, 습격하다   명 폭행, 공격

☐ **harbor** [háːrbər]   명 항구, 항만

☐ **president** [prézidənt]   명 ① 대통령 ② 회장

☐ **announce** [ənáuns]   동 발표하다, 알리다

☐ **decision** [disíʒən]   명 결정, 판단

☐ **free** [fri:]   형 자유로운   동 석방하다, 풀어주다

☐ state [steit]   주(州)

☐ form [fɔːrm]   만들다

☐ organization [ɔ̀:rɡənizéiʃən]   조직, 단체

☐ slave [sleiv]   노예

☐ huge [hju:dʒ]   거대한

☐ cotton [kátən]   면직물

☐ plantation [plæntéiʃən]   대규모 농원, 대농장

☐ slavery [sléivəri]   노예제도

☐ war supply   전쟁 물품

☐ freedom [frí:dəm]   자유

☐ support [səpɔ́:rt]   지지하다

☐ battle [bǽtl]   전투

☐ cemetery [sémətèri]   공동묘지

☐ honor [ánər]   예우하다, 기리다

☐ fallen [fɔ́:lən]   (병사가) 전사한

- ☐ **general** [dʒénərəl]   혱 보통의, 일반적인 몡 장군
- ☐ **capture** [kǽptʃər]   동 ① 포로로 잡다 ② 함락시키다
- ☐ **diverse** [divə́ːrs]   혱 다양한
- ☐ **yell** [jel]   동 소리치다, 외치다
- ☐ **disturb** [distə́ːrb]   동 ① 방해하다, 교란하다 ② 흐트러뜨리다
- ☐ **alive** [əláiv]   혱 살아 있는
- ☐ **admire** [ædmáiər]   동 존경하다, 칭찬하다
- ☐ **bury** [béri]   동 묻다, 매장하다
- ☐ **carve** [kɑːrv]   동 ① 조각하다 ② (글씨를) 새기다, 파다

- ☐ force [fɔːrs]   무장 병력, 부대
- ☐ range [reindʒ]   범위
- ☐ research [risə́ːrtʃ]   연구
- ☐ refuse [rifjúːz]   거절하다, 거부하다
- ☐ without [wiðáut]   ~없이
- ☐ harm [hɑːrm]   해
- ☐ tomb [tuːm]   무덤
- ☐ discovery [diskʌ́vəri]   발견

Chapter 11

- ☐ **conflict** [kánflikt]   몡 갈등, 충돌 동 대립하다, 충돌하다
- ☐ **decline** [dikláin]   몡 감소, 하락 동 ① 줄어들다 ② 거절하다, 사양하다
- ☐ **chase** [tʃeis]   동 뒤쫓다, 따라다니다 몡 추격
- ☐ **distract** [distrǽkt]   동 집중이 안 되게 하다, 산만하게 하다

☐ **glow** [glou]	동 빛나다 명 (불꽃 없는 은은한) 빛
☐ **brilliant** [bríljənt]	형 ① 훌륭한, 멋진 ② 아주 밝은, 눈부신
☐ **belong** [bilɔ́ːŋ]	동 제자리에 있다
☐ **belong to A**	A에 속하다, A의 소유물이다
☐ **destiny** [déstəni]	명 운명

☐ stripe [straip]	줄무늬
☐ crawl [krɔːl]	기다, 기어가다
☐ take a nap	낮잠을 자다
☐ wonder [wʌ́ndər]	궁금해하다
☐ pillar [pílər]	기둥
☐ head [hed]	(특정 지점으로) 가다, 향하다
☐ wander [wʌ́ndər]	돌아다니다, 헤매다
☐ caterpillar [kǽtərpìlər]	애벌레
☐ offer [ɔ́(ː)fər]	제안하다
☐ give up	포기하다
☐ silky [sílki]	명주의
☐ thread [θred]	실
☐ meantime [míːntàim]	그동안, 중간 시간
☐ make one's way	가다, 나아가다
☐ reach [riːtʃ]	도달하다
☐ as soon as	~하자마자

02 무중력

p.88~91

☐ **straw** [strɔː]	명 ① 짚, 밀짚 ② (음료를 마시는) 빨대
☐ **complex** [kəmpléks]	형 ① 복잡한, 얽히고설킨 ② 복합의, 합성의
☐ **blink** [bliŋk]	동 눈을 깜박거리다, 깜작이다 명 (눈을) 깜박거림
☐ **in the blink of an eye**	눈 깜박할 사이에
☐ **attach** [ətǽtʃ]	동 붙이다, 첨부하다

☐ **atmosphere**[ǽtməsfìər]	몡 ① (지구를 둘러싼) 대기 ② 분위기
☐ **fascinating**[fǽsənèitiŋ]	혱 대단히 흥미로운, 매력적인
☐ **thankful**[θǽŋkfəl]	혱 감사하는, 고맙게 여기는
☐ **exist**[igzíst]	됭 존재하다, 실존하다

☐ gravity[grǽvəti]	중력
☐ float[flout]	(위쪽으로) 뜨다, 떠가다
☐ fly off	날아가 버리다
☐ at least	최소한, 적어도
☐ for a while	잠시 동안
☐ imagine[imǽdʒin]	상상하다, 가정하다
☐ disappear[dìsəpíər]	사라지다
☐ carry away	~을 휩쓸어 가다
☐ blame[bleim]	책임을 지우다, ~의 탓으로 돌리다

03 ┃ 자원을 다시 쓸 수 있다면 p.92~95

☐ **exhaust**[igzɔ́ːst]	됭 ① 기진맥진하게 하다 ② 다 써 버리다, 고갈시키다
☐ **generate**[dʒénərèit]	됭 ① (결과·행동·감정 등을) 일으키다, 초래하다
	② (열·전기 등을) 발생시키다, 생기게 하다
☐ **spoil**[spɔil]	됭 ① 망치다, 해치다, 손상하다 ② 버릇없게 기르다
☐ **electricity**[ilektrísəti]	몡 전기, 전력
☐ **vehicle**[víːikəl]	몡 탈것, 차
☐ **toilet**[tɔ́ilit]	몡 ① 변기(통) ② 화장실
☐ **require**[rikwáiər]	됭 필요로 하다, 요구하다

☐ renewable[rinjúːəbl]	재생 가능한
☐ source[sɔːrs]	원천, 근원
☐ solar[sóulər]	태양의
☐ use up	~을 다 써버리다

☐ environment [inváiərənmənt]	환경	
☐ several [sévərəl]	여러 가지	
☐ waste [weist]	쓰레기, 폐기물	
☐ bacteria [bæktíəriə]	박테리아	
☐ break down	분해하다	
☐ produce [prədjúːs]	생산하다	
☐ fuel [fjúːəl]	연료	
☐ material [mətíəriəl]	재료, 원료	
☐ sugar cane	사탕수수	

04 | 매미와 소수

☐ **intelligent** [intélidʒənt]	형 똑똑한, 총명한
☐ **specific** [spisífik]	형 ① 구체적인, 명확한 ② 특정한
☐ **emerge** [imə́ːrdʒ]	동 나오다, 모습을 드러내다
☐ **boost** [buːst]	동 ① (뒤·밑에서) 밀어 올리다 ② 올리다, 증가하다, 커지다
☐ **extinct** [ikstíŋkt]	형 멸종된, 사라진
☐ **favor** [féivər]	명 ① 호의, 친절 ② 유리, 이익
☐ **snake** [sneik]	명 뱀
☐ **buzz** [bʌz]	동 윙윙거리다 명 윙윙거림
☐ **amusing** [əmjúːziŋ]	형 재미있는, 흥미 있는

☐ bug [bʌg]	벌레, (작은) 곤충
☐ mathematics [mæ̀θəmǽtiks]	수학
☐ life cycle	생애 주기
☐ avoid [əvɔ́id]	피하다
☐ in one's favor	~에 유리하게
☐ group [gruːp]	무리를 짓다; 무리

☐ underground [ʌ̀ndərgráund]	지하에	
☐ appear [əpíər]	나타나다	
☐ reduce [ridʒúːs]	줄이다	
☐ enemy [énəmi]	적	
☐ even though	비록 ~일지라도	
☐ select [silékt]	선발하다, 선택하다	
☐ so far	지금까지	

Chapter 12

01 | 허균의 누나, 허난설헌   p.102~105

☐ **author** [ɔ́ːθər]	몡 작가, 저자 동 쓰다, 저술하다
☐ **novel** [návəl]	몡 소설 혱 새로운, 신기한
☐ **poet** [póuit]	몡 시인
☐ **strict** [strikt]	혱 엄격한, 엄한
☐ **ideal** [aidíːəl]	혱 이상적인, 완벽한 몡 이상
☐ **attitude** [ǽtitjùːd]	몡 태도, 자세, 사고방식
☐ **praise** [preiz]	몡 칭찬, 찬사 동 칭찬하다

☐ tale [teil]	소설, 이야기
☐ uncommon [ʌnkámən]	드문, 흔하지 않은
☐ dynasty [dáinəsti]	왕조
☐ social [sóuʃəl]	사회적인
☐ control [kəntróul]	통제하다
☐ allow [əláu]	허락하다
☐ role [roul]	역할

☐ bring up	~을 기르다, 양육하다	
☐ provide [prəváid]	제공하다	
☐ literature [lítərətʃər]	문학	
☐ thanks to	~ 덕분에	
☐ support [səpɔ́:rt]	지지, 지원	
☐ develop [divéləp]	발달시키다, 발전시키다	
☐ poem [póuəm]	시	
☐ marriage [mǽridʒ]	결혼 생활	
☐ beyond [bijánd]	~의 범위를 넘어서	
☐ reality [riǽləti]	현실	
☐ in memory of	~을 기념하여, 추모하여	
☐ publish [pʌ́bliʃ]	출판하다	
☐ attract [ətrǽkt]	끌다	
☐ attention [əténʃən]	주의, 주목	
☐ closed [klouzd]	폐쇄적인	
☐ toward(s) [tɔ:rd(z)]	~ 향하여, ~에 대하여	
☐ highly [háili]	크게, 대단히	
☐ ability [əbíləti]	능력	

02 | 건강의 적신호, 변비
p.106~109

- ☐ **risk** [risk] 	명 위험, 위험요소 동 ① 위태롭게 하다 ② 위험을 무릅쓰다
- ☐ **promote** [prəmóut] 	동 ① ~을 증진[촉진]하다, 진척시키다 ② ~을 승진[진급]시키다
- ☐ **prove** [pru:v] 	동 입증하다, 증명하다
- ☐ **upset** [ʌpsét] 	형 속상한 동 속상하게 만들다 명 속상함, 혼란
- ☐ **emotion** [imóuʃən] 	명 감정, 정서
- ☐ **function** [fʌ́ŋkʃən] 	명 기능 동 기능하다, 작동하다
- ☐ **contribute** [kəntríbju:t] 	동 ① 기부하다, 기증하다 ② ~의 원인이 되다
- ☐ **alter** [ɔ́:ltər] 	동 바꾸다, 변하다

☐ diet [dáiət]	식사, 식습관
☐ include [inklú:d]	포함하다
☐ dry out	메말라지다, ~을 건조하게 하다
☐ caffeine [kæfí:n]	카페인
☐ processed [prəsést]	가공(처리)한
☐ avoid [əvɔ́id]	피하다
☐ plenty of	많은
☐ regularly [régjələrli]	규칙적으로
☐ whole grain	통곡식, 통곡물
☐ anxious [ǽŋkʃəs]	불안해하는, 염려하는
☐ research [risə́:rtʃ]	연구
☐ emotional [imóuʃənəl]	감정적인
☐ influence [ínfluəns]	영향을 주다
☐ occur [əkə́:r]	발생하다, 일어나다
☐ pattern [pǽtərn]	(사고·행동 등의) 양식, 패턴
☐ possibility [pɑ̀səbíləti]	가능성

03 | 옛날 우리나라에서도 분수를 사용했을까요? p.110~113

☐ **translate** [trænsléit]	동 번역하다, 통역하다
☐ **content** [kɑ́:ntent]	명 ① (그릇·상자 등의) 내용물 ② (서적·문서 등의) 내용, 기사
☐ **tough** [tʌf]	형 ① 힘든, 어려운 ② 강인한, 굳센
☐ **fundamental** [fʌ̀ndəméntl]	형 ① 기본적인, 기초의 ② 핵심적인, 필수적인 명 ① 기본, 기초 ② 원리, 원칙
☐ **delete** [dilí:t]	동 삭제하다
☐ **progress** 명 [prɑ́gres] 동 [prəgrés]	명 진전, 발전 동 진전을 보이다
☐ **instruct** [instrʌ́kt]	동 ① 지시하다 ② 가르치다, 알려주다
☐ **achieve** [ətʃí:v]	동 이루다, 달성하다
☐ **approach** [əpróutʃ]	동 다가가다, 접근하다 명 접근법

☐ **organize** [ɔ́ːrɡənàiz]	图 ① 준비하다 ② 편성하다, 체계화하다
☐ rewrite [rìːráit]	다시 쓰다
☐ mathematician [mæ̀θəmətíʃən]	수학자
☐ poorly [púərli]	서툴게
☐ explanation [èksplənéiʃən]	설명
☐ sum [sʌm]	합, 합계
☐ directions [dirékʃənz]	안내서, 사용법
☐ traditional [trədíʃənəl]	전통적인
☐ preserve [prizə́ːrv]	지키다, 보존하다
☐ modern [mádərn]	현대의, 근대의
☐ improve [imprúːv]	개선하다
☐ system [sístəm]	체제, 제도

04 캄보디아 킬링필드 p.114~117

☐ **tragic** [trǽdʒik]	圈 비극적인
☐ **injure** [índʒər]	图 부상을 입히다, 해치다
☐ **scale** [skeil]	圆 ① 규모, 범위 ② 저울
☐ **population** [pàpjuléiʃən]	圆 인구
☐ **arrest** [ərést]	图 체포하다 圆 체포
☐ **lawyer** [lɔ́ːjər]	圆 변호사
☐ **reward** [riwɔ́ːrd]	圆 보상 图 보상하다, 답례하다
☐ **lack** [læk]	圆 부족, 결핍 图 ~이 없다, 부족하다
☐ **survey** 圆 [sə́ːrvei] 图 [sərvéi]	圆 설문 조사 图 조사하다
☐ consider [kənsídər]	여기다
☐ thought [θɔ́ːt]	생각
☐ cause [kɔːz]	~을 야기하다[초래하다]

- [ ] huge [hjuːdʒ]   막대한[엄청난]
- [ ] remove [rimúːv]   제거하다
- [ ] cooperate [kouápərèit]   협력하다
- [ ] former [fɔ́ːrmər]   이전[과거]의
- [ ] educated [édʒukèitid]   많이 배운, 학식 있는
- [ ] journalist [dʒə́ːrnəlist]   기자, 언론인
- [ ] education [èdʒukéiʃən]   교육
- [ ] survive [sərváiv]   살아남다, 생존하다
- [ ] injury [índʒəri]   부상
- [ ] nation [néiʃən]   나라
- [ ] government [gʌ́vərnmənt]   정부
- [ ] survivor [sərváivər]   생존자
- [ ] gather [gǽðər]   모으다
- [ ] in other words   다시 말해서
- [ ] entire [intáiər]   전체의

Chapter 07 Exercise

다음 우리말은 영어로, 영어는 우리말로 써보세요.

01 path →

02 expense →

03 wealth →

04 handful →

05 valuable →

06 nervous →

07 enemy →

08 equal →

09 occupy →

10 ignore →

11 imply →

12 blame →

13 challenge →

14 nowadays →

15 crawl →

16 서투르게, 나쁘게; 몹시, 너무 →

17 (사람·죄를) 벌하다, 처벌하다 →

18 무릎, 무릎 관절 →

19 실 →

20 욕구, 강한 소망; 간절히 바라다, 원하다 →

21	scarce	→
22	violent	→
23	term	→
24	incident	→
25	rough	→
26	decline	→
27	explanation	→
28	participate in	→
29	obvious	→
30	announce	→
31	region	→
32	spill	→
33	show off	→
34	realize	→
35	provide	→
36	~하는 경향이 있다	→
37	긍정적으로, 좋게	→
38	(불행 · 사고 등의) 희생자, 피해자	→
39	덫, 함정; (위험한 장소 · 궁지에) 가두다	→
40	~의 가치가 있는	→

Chapter 08 Exercise

다음 우리말은 영어로, 영어는 우리말로 써보세요.

01 flash →

02 concentrate →

03 phenomenon →

04 deal →

05 attempt →

06 stove →

07 approve →

08 fate →

09 proud →

10 eventually →

11 generation →

12 eager →

13 noble →

14 extreme →

15 disaster →

16 항의, 시위; 항의하다 →

17 검사하다, 살펴보다 →

18 혁명 →

19 주장하다; 청구하다, 요구하다 →

20 부당한, 불공평한 →

21	wipe	→
22	judge	→
23	surround	→
24	democracy	→
25	pollution	→
26	crack	→
27	suffer from	→
28	careless	→
29	Arctic	→
30	firework	→
31	run	→
32	debt	→
33	preserve	→
34	jail	→
35	responsibility	→
36	보물, 대단히 귀중한 것; 대단히 귀하게 여기다	→
37	(국가를) 통치하다, 다스리다	→
38	시골의, 지방의	→
39	도시의, 도회지의	→
40	극심한, 심각한; (태풍 · 병 등이) 심한, 맹렬한	→

다음 우리말은 영어로, 영어는 우리말로 써보세요.

01 rapid →

02 struggle →

03 complicated →

04 incredible →

05 document →

06 remain →

07 outstanding →

08 occupation →

09 constant →

10 store →

11 rescue →

12 region →

13 pleasant →

14 individual →

15 rate →

16 ~을 선호하다, (더) 좋아하다 [원하다] →

17 범죄의; 범인, 범죄자 →

18 정치 →

19 서비스업, 서비스; 병역, 군 복무 →

20 교육하다, 가르치다 →

21 fund → _____

22 appreciate → _____

23 select → _____

24 prime → _____

25 establish → _____

26 physical → _____

27 secure → _____

28 recognize → _____

29 serve → _____

30 ability → _____

31 turn out → _____

32 wonder → _____

33 convince → _____

34 average → _____

35 evidence → _____

36 군대, 무력의; 군대 → _____

37 나타내다, 가리키다 → _____

38 지역, 영토 → _____

39 안전한; 금고 → _____

40 우편, 우편물; 발송하다, 부치다;
    게시하다, 공고하다 → _____

다음 우리말은 영어로, 영어는 우리말로 써보세요.

01	conquer	→
02	obtain	→
03	factor	→
04	wound	→
05	neglect	→
06	ceremony	→
07	liquid	→
08	alternative	→
09	violent	→
10	hide	→
11	government	→
12	relieve	→
13	diverse	→
14	import	→
15	announce	→
16	수출하다; 수출; 수출품	→
17	방해하다, 교란하다, 흐트러뜨리다	→
18	존경하다, 칭찬하다	→
19	전략, 전술	→
20	예측하다, 예견하다	→

21	decision	→	
22	free	→	
23	general	→	
24	capture	→	
25	yell	→	
26	alive	→	
27	bury	→	
28	harbor	→	
29	medicine	→	
30	current	→	
31	drought	→	
32	tribal	→	
33	enormous	→	
34	cemetery	→	
35	slave	→	
36	조수, 조류	→	
37	대신하다, 대체하다	→	
38	공격하다, 습격하다; 폭행, 공격	→	
39	조각하다; (글씨를) 새기다, 파다	→	
40	대통령, 회장	→	

Chapter 11 Exercise

다음 우리말은 영어로, 영어는 우리말로 써보세요.

01 boost →

02 decline →

03 blink →

04 fascinating →

05 brilliant →

06 exist →

07 exhaust →

08 specific →

09 spoil →

10 vehicle →

11 glow →

12 require →

13 conflict →

14 complex →

15 gravity →

16 붙이다, 첨부하다 →

17 뱀 →

18 감사하는, 고맙게 여기는 →

19 전기, 전력 →

20 짚, 밀짚; (음료를 마시는) 빨대 →

21 distract →

22 wander →

23 belong →

24 intelligent →

25 generate →

26 emerge →

27 favor →

28 atmosphere →

29 amusing →

30 produce →

31 caterpillar →

32 as soon as →

33 break down →

34 for a while →

35 meantime →

36 멸종된, 사라진 →

37 윙윙거리다; 윙윙거림 →

38 뒤쫓다, 따라다니다; 추격 →

39 변기(통), 화장실 →

40 운명 →

Chapter 12 Exercise

다음 우리말은 영어로, 영어는 우리말로 써보세요.

01 lawyer →

02 tough →

03 prove →

04 ideal →

05 emotion →

06 novel →

07 contribute →

08 content →

09 promote →

10 achieve →

11 alter →

12 fundamental →

13 organize →

14 author →

15 function →

16 삭제하다 →

17 번역하다, 통역하다 →

18 부상을 입히다, 해치다 →

19 진전, 발전; 진전을 보이다 →

20 보상; 보상하다, 답례하다 →

21 poet $\rightarrow$

22 upset $\rightarrow$

23 praise $\rightarrow$

24 tragic $\rightarrow$

25 instruct $\rightarrow$

26 scale $\rightarrow$

27 risk $\rightarrow$

28 entire $\rightarrow$

29 survey $\rightarrow$

30 uncommon $\rightarrow$

31 literature $\rightarrow$

32 diet $\rightarrow$

33 regularly $\rightarrow$

34 directions $\rightarrow$

35 traditional $\rightarrow$

36 엄격한, 엄한 $\rightarrow$

37 태도, 자세, 사고방식 $\rightarrow$

38 다가가다, 접근하다; 접근법 $\rightarrow$

39 체포하다; 체포 $\rightarrow$

40 부족, 결핍; ~이 없다, 부족하다 $\rightarrow$

Answers for Exercise

Chapter 07 Exercise

1 작은 길, 오솔길; (사람·사물이 나아가는) 길, 방향 2 지출, 비용 3 (많은)재산, 부(富) 4 한 움큼, 한 줌 5 귀중한, 소중한; 값비싼 6 불안해하는, 초조해하는 7 적, 경쟁 상대 8 같은 9 (장소를) 차지하다; (방·주택·건물을) 사용하다; (군대 등이) 점령하다 10 무시하다, 모르는 체하다 11 암시하다, 넌지시 비치다 12 ~에 책임을 지우다, ~의 탓으로 돌리다; 비난, 책망 13 도전; 도전하다; 이의를 제기하다 14 오늘날에는, 요즈음에는 15 (엎드려) 기다, 기어가다 16 badly 17 punish 18 knee 19 thread 20 desire 21 부족한; 드문, 귀한 22 격렬한 23 용어, 말; (일정한) 기간, 기한; (특정한 용어로) 칭하다, 일컫다 24 일어난 일, 사건 25 거친; 힘든, 골치 아픈 26 (가격이) 떨어지다 27 설명; 이유, 해명 28 ~에 참가하다, ~에 참여하다 29 명백한, 분명한 30 선언하다 31 지방, 지역 32 흘리다, 쏟다; 흘린 액체, 유출물 33 과시하다, 자랑하다 34 깨닫다, 알아차리다 35 제공하다, 공급하다, 주다 36 tend 37 positively 38 victim 39 trap 40 worth

Chapter 08 Exercise

1 비추다, 번쩍이다; 번쩍임 2 집중하다 3 현상 4 (카드 게임에서 카드를) 돌리다; (양이) 많음, 다량; 거래(서), 합의; 일, 것 5 시도; 시도하다 6 스토브, 난로 7 찬성하다; 승인하다, 허가하다 8 운명 9 자랑스러워하는, 자랑스러운 10 결국, 마침내 11 세대 12 열렬한, 간절히 바라는 13 고귀한, 귀족의; 귀족, 상류층 14 극도의, 극심한 15 참사, 재앙 16 protest 17 examine 18 revolution 19 claim 20 unfair 21 지우다, 지워 버리다 22 판사; 심판, 심사위원; 판단하다, 여기다; 재판하다 23 둘러싸다, 에워싸다 24 민주주의 25 오염, 공해 26 깨지다, 갈라지다; 깨뜨리다, 갈라지게 하다; (무엇이 갈라져서 생긴) 금 27 ~으로 고통받다 28 무심한, 무관심한 29 북극 30 불꽃놀이 31 운영하다 32 빛 33 보존하다, 지키다 34 교도소, 감옥; 투옥하다, 수감하다 35 책임, 책무 36 treasure 37 govern 38 rural 39 urban 40 severe

Chapter 09 Exercise

1 빠른 2 애쓰다; 노력, 투쟁 3 복잡한 4 놀라운, 대단한 5 문서, 서류 6 계속 ~이다; 남다 7 뛰어난, 우수한 8 직업 9 끊임없는; 지속적인 10 가게, 상점; (~에 대비하여) 저장하다, 보관하다 11 구하다, 구조하다; 구출, 구조 12 영역 13 즐거운, 유쾌한; 쾌적한, 좋은 14 각각의, 개인의; 개인; 사람 15 속도, 비율; 평가되다, 여겨지다 16 prefer 17 criminal 18 politics 19 service 20 educate 21 기금, 자금; 자금[기금]을 대다 22 진가를 알다, 인정하다; 고맙게 생각하다, 감사하다 23 선발하다, 선택하다 24 주된, 주요한; 최고의 25 설립하다, 개설하다 26 육체의, 신체의 27 안전한, 위험 없는; (건물 따위가) 튼튼한, 안정된; 확보하다; 안전하게 하다, 지키다 28 인정하다; 인지하다, 알아보다 29 복무하다 30 능력 31 ~인 것으로 드러나다[밝혀지다] 32 궁금해하다 33 확신시키다, 납득시키다; 설득하다 34 평균의 35 증거 36 military 37 indicate 38 territory 39 safe 40 post

Chapter 10 Exercise

1 (다른 나라, 도시 등을) 정복하다; 이기다, 물리치다 **2** 얻다, 구하다 **3** 요인, 요소 **4** 상처, 부상; 상처를 입히다 **5** 방치하다; 무시하다, 간과하다 **6** 식, 의식 **7** 액체; 액체 형태의, 액상의 **8** 대안, 양자택일; 대안이 되는, 대안적인 **9** 폭력적인, 난폭한; 격렬한, 맹렬한 **10** 숨다, 잠복하다; 숨은 장소, 은신처 **11** 정부, 정권 **12** (고통 등을) 덜어주다, 완화하다 **13** 다양한 **14** 수입하다; 수입; 수입품 **15** 발표하다, 알리다 **16** export **17** disturb **18** admire **19** strategy **20** predict **21** 결정, 판단 **22** 자유로운; 석방하다, 풀어주다 **23** 보통의, 일반적인; 장군 **24** 포로로 잡다; 함락시키다 **25** 소리치다, 외치다 **26** 살아 있는 **27** 묻다, 매장하다 **28** 항구, 항만 **29** 약, 약물 **30** 흐름, 해류 **31** 가뭄 **32** 종족의, 부족의 **33** 막대한, 거대한 **34** 공동묘지 **35** 노예 **36** tide **37** replace **38** attack **39** carve **40** president

....

Chapter 11 Exercise

1 (뒤 · 밑에서) 밀어 올리다; 올리다, 증가하다, 커지다 **2** 감소, 하락; 줄어들다; 거절하다, 사양하다 **3** 눈을 깜박거리다, 깜작이다; (눈을) 깜박거림 **4** 대단히 흥미로운, 매력적인 **5** 훌륭한, 멋진; 아주 밝은, 눈부신 **6** 존재하다, 실존하다 **7** 기진맥진하게 하다; 다 써 버리다, 고갈시키다 **8** 구체적인, 명확한; 특정한 **9** 망치다, 해치다, 손상시키다; 버릇없게 기르다 **10** 탈것, 차 **11** 빛나다; (불꽃 없는 은은한) 빛 **12** 필요로 하다, 요구하다 **13** 갈등, 충돌; 대립하다, 충돌하다 **14** 복잡한, 얽히고설킨; 복합의, 합성의 **15** 중력 **16** attach **17** snake **18** thankful **19** electricity **20** straw **21** 집중이 안 되게 하다, 산만하게 하다 **22** 돌아다니다, 헤매다 **23** 제자리에 있다 **24** 똑똑한, 총명한 **25** (결과 · 행동 · 감정 등을) 일으키다, 초래하다; (열 · 전기 등을) 발생시키다, 생기게 하다 **26** 나오다, 모습을 드러내다 **27** 호의, 친절; 유리, 이익 **28** (지구를 둘러싼) 대기; 분위기 **29** 재미있는, 흥미 있는 **30** 생산하다 **31** 애벌레 **32** ~하자마자 **33** 분해하다 **34** 잠시 동안 **35** 그동안, 중간 시간 **36** extinct **37** buzz **38** chase **39** toilet **40** destiny

....

Chapter 12 Exercise

1 변호사 **2** 힘든, 어려운; 강인한, 굳센 **3** 입증하다, 증명하다 **4** 이상적인, 완벽한; 이상 **5** 감정, 정서 **6** 소설; 새로운, 신기한 **7** 기부하다, 기증하다; ~의 원인이 되다 **8** (그릇 · 상자 등의) 내용물; (서적 · 문서 등의) 내용, 기사 **9** ~을 증진[촉진]시키다, 진척시키다; ~을 승진[진급]시키다 **10** 이루다, 달성하다 **11** 바꾸다, 변하다 **12** 기본적인, 기초의; 핵심적인, 필수적인; 기본, 기초; 원리, 원칙 **13** 준비하다; 편성하다, 체계화하다 **14** 작가, 저자, 쓰다, 저술하다 **15** 기능; 기능하다, 작동하다 **16** delete **17** translate **18** injure **19** progress **20** reward **21** 시인 **22** 속상한; 속상하게 만들다; 속상함, 혼란 **23** 칭찬, 찬사; 칭찬하다 **24** 비극적인 **25** 지시하다; 가르치다, 알려주다 **26** 규모, 범위; 저울 **27** 위험, 위험요소; 위태롭게 하다; 위험을 무릅쓰다 **28** 전체의 **29** 설문 조사; 조사하다 **30** 드문, 흔하지 않은 **31** 문학 **32** 식사, 식습관 **33** 규칙적으로 **34** 안내서, 사용법 **35** 전통적인 **36** strict **37** attitude **38** approach **39** arrest **40** lack